NOTICE BIOGRAPHIQUE

SUR

LE MARÉCHAL MARMONT,

DUC DE RAGUSE,

Par M. LAPÉROUSE,

Ancien Maire, Président du Tribunal civil de Châtillon-sur-Seine,
Chevalier de la Légion-d'Honneur.

———◆———

A CHATILLON-SUR-SEINE,

Chez **F. LEBEUF**, Imprimeur-Libraire.

1852.

NOTICE BIOGRAPHIQUE

SUR LE

MARÉCHAL MARMONT,

DUC DE RAGUSE.

Le maréchal Marmont, duc de Raguse, a fini ses jours sur la terre étrangère. La nouvelle de sa mort ne pouvait manquer de causer, dans la ville où il est né, une profonde sensation ; elle a réveillé, dans le cœur des Châtillonnais, les sentiments d'estime et d'affection qu'ils avaient pour leur illustre et malheureux compatriote, et que vingt-cinq années d'absence n'avaient point effacés. Le maréchal portait aussi à son pays natal un attachement que le temps et l'éloignement n'avaient pu refroidir, et il lui en a donné une dernière preuve en lui léguant les seuls objets de quelque prix qu'il eût conservés, et en faisant préparer lui-même, au lieu où reposent les cendres de sa famille, le modeste monument destiné à recevoir sa dépouille mortelle. Tant de dévouement mérite une grande reconnaissance. Nous croyons faire une œuvre patriotique et accomplir un pieux devoir, en faisant connaître à nos concitoyens les actes principaux de sa glorieuse carrière. Puissions-nous, par ce simple récit, contribuer à dissiper les imputations qui ont pesé trop longtemps sur cette grande réputation militaire et qui ont rempli de douleur et d'amertume la dernière moitié de cette noble existence!

Auguste-Frédéric-Louis Viesse de Marmont est né, à Châtillon-sur-Seine, le 20 juillet 1774, d'une famille noble. Il était fils de Nicolas-Edme Viesse de Marmont, écuyer, capitaine au régiment de Hainault, ancien seigneur de Sainte-Colombe, et de Clotilde-Hélène-Victoire Chappron, dont le père occupait, à Paris, un rang distingué dans la finance. Il avait eu une sœur qui mourut à l'âge de 8 ans. Cette famille, établie depuis longues années dans le nord de la Bourgogne, avait toujours vu une partie de ses membres appelés à de hautes fonctions militaires ou aux dignités ecclésiastiques, et plusieurs parmi eux se sont rendus recommandables par d'éminents services. Ainsi, en 1677, le prince de Condé, à l'occasion d'une expédition courageusement conduite par le trisaïeul du maréchal, Nicolas Viesse, prévôt des maréchaux de France au bailliage de la Montagne et comté de Bar-sur-Seine, disait qu'il était digne de commander une armée; son grand-oncle, Richard Viesse de Marmont, enseigne au régiment de Poitou, ayant eu le bras droit emporté par un boulet, au siége de Fribourg, en 1713, reprit, à l'instant même, le drapeau de la main gauche; son père, Nicolas-Edme Viesse de Marmont, réclama le périlleux honneur de garder, avec cent hommes de bonne volonté, la mine pendant plusieurs jours, au siége de Port-Mahon et, par ce trait de courage, mérita la croix de Saint-Louis, à 28 ans.

Le jeune Marmont hérita de cette intrépidité naturelle chez ses ancêtres. Dès son enfance, il manifesta un goût prononcé pour la carrière des armes et reçut, sous la direction éclairée de son père, une éducation conforme à cette vocation. Celui-ci, en le préparant aux plus dures fatigues par des exercices violents qui donnèrent à son caractère ainsi qu'à sa constitution une trempe peu commune, prit soin aussi de développer de bonne heure son intelligence. Il lui donna des précepteurs d'un mérite reconnu et, après quelques années passées au collége de Châtillon, il l'envoya à Dijon pour achever ses études. L'élève se distingua par ses progrès en mathématiques, et se vit bientôt admis à l'école d'artillerie de Châlons après un examen subi à Metz devant l'illustre Laplace. Dès ce moment, son âme ardente se passionna pour la gloire avec une chaleur qu'il disait conserver encore à 55 ans.

Ce fut, pendant son séjour à Dijon, et non à l'école de Brienne, comme on le croyait généralement, qu'il fit la connaissance de Bonaparte alors en garnison à Auxonne, et qu'il forma avec lui cette liaison intime qui eut une influence si considérable sur sa vie militaire. Il entra au service en 1789, à peine âgé de 15 ans. Il fut d'abord attaché comme sous-lieutenant à un régiment d'infanterie, passa, en janvier 1792, dans l'artillerie où il était plus à même d'appliquer ses connaissances spéciales, et fit ses premières armes aux Alpes et en Italie. Envoyé au siége de Toulon, il y retrouva Bonaparte et revint à Paris avec lui quand ce jeune officier, dont la réputation commençait à poindre, y fut appelé pour commander l'artillerie dans l'armée de l'Ouest. Bonaparte passa par Châtillon et s'arrêta quelques jours dans la famille de son ami. Quand il arriva à Paris, les dispositions du gouvernement étaient changées à son égard et il resta momentanément sans emploi. Marmont, qui ne pouvait rester longtemps dans l'inactivité, obtint d'être employé au blocus de Mayence, en 1795; peu de temps après, Bonaparte, ayant été nommé général en chef de l'armée d'Italie, le rappela auprès de lui et se l'attacha comme aide-de-camp. De ce moment, Marmont, arrivé au grade de chef de bataillon, ne cessa de donner des preuves de sa bravoure et de son intelligence dans l'art de la guerre. Il se signala à la brillante affaire de Lodi et reçut, pour sa belle conduite, un sabre d'honneur qui lui fut décerné par le Directoire; à Castiglione, il commandait l'artillerie à cheval, qui contribua puissamment au succès de la journée; à la bataille de Saint-Georges, il emporta la tête du pont et fit mettre bas les armes à 400 cuirassiers autrichiens. En reconnaissance des actes de courage par lesquels il se distingua dans le cours de cette mémorable campagne, le général Bonaparte lui donna l'honorable mission de porter au Directoire trente-cinq drapeaux enlevés à l'ennemi.

A de tels débuts, il était facile de prévoir ce qu'on pouvait attendre d'un jeune officier qui, ne le cédant à nul autre pour l'intrépidité dans le combat, se distinguait d'ailleurs par un esprit cultivé et par des talents stratégiques qui lui donnaient une véritable supériorité sur ses compagnons d'armes.

Au retour de cette campagne, Marmont épousa, en 1798, Mlle Perregaux, fille de l'un des principaux banquiers de la capitale, qui fut plus tard élevé à la dignité de sénateur. A cette époque, l'expédition d'Egypte ayant été résolue, Bonaparte, qui l'avait apprécié, n'hésita pas à le comprendre dans cette élite de guerriers et de savants qui devaient porter avec lui la gloire du nom français sur la terre d'Afrique. Marmont ne tarda pas à justifier la confiance du plus grand génie des temps modernes.

En quittant le port de Toulon, le général Bonaparte conçut le projet de s'emparer de Malte qui commandait la Méditerranée. Avec son intrépidité habituelle, Marmont débarqua le premier dans l'île, à portée du canon de la place, dont il soutint le feu pendant un jour entier, et enleva de sa propre main le drapeau de l'Ordre dans une sortie que firent les assiégés. Il dut à cette action d'éclat sa promotion au grade de général de brigade ; il avait 24 ans.

Puis, reprenant la route de la conquête, il alla concourir, en Égypte, à l'assaut d'Alexandrie, à la victoire des Pyramides, à la destruction des Mamelucks, etc., etc. Après la bataille d'Aboukir, le général en chef lui confia le commandement d'Alexandrie, dont il fit une bonne place de guerre malgré les obstacles réunis d'un bombardement, de la faim, de la peste et de la pénurie des moyens.

Lorsque Bonaparte revint d'Egypte, aux acclamations de la France qui périssait sous un gouvernement inhabile et impuissant, Marmont fut du petit nombre des officiers généraux signalés par leurs services et leur dévouement qu'il désigna pour l'accompagner. Après la fameuse révolution du 18 brumaire, qui fut si heureusement et si rapidement accomplie, Marmont fut nommé conseiller d'Etat pour la section de la guerre ; la direction de l'école militaire lui fut confiée, et il reçut le commandement de l'artillerie de réserve. La seconde campagne d'Italie offrit bientôt à notre jeune compatriote une nouvelle occasion de développer ses talents militaires et d'illustrer son nom. Auxiliaire intelligent et intrépide des grandes pensées du premier consul, il lui fut donné de prendre une part active à l'une des conceptions les plus extraordinaires que le génie et le courage aient jamais tentées. On sait comment le général Bonaparte intervint inopinément de sa personne dans la seconde guerre d'Italie, en franchissant, avec un corps de réserve, des montagnes jugées jusqu'alors inaccessibles, et comment son arrivée inattendue décida la ruine de la maison d'Autriche, en Italie. Certes, l'histoire n'a pas de plus beau fait à citer pour l'audace de la résolution et le mérite des difficultés vaincues, que le passage du Saint-Bernard, et le passage plus mémorable encore du fort de Bard. Or, c'est au général Marmont que revient principalement l'honneur de l'exécution de cette entreprise. C'est lui qui, secondant avec autant d'habileté que d'énergie les vues du général en chef, fit opérer le transport de l'artillerie, en faisant porter à bras tous les affûts par les soldats dont il partageait les fatigues et les dangers, et remplaçant les traîneaux amenés d'Auxonne par des sapins creusés en étui. Au moyen de cette heureuse invention, tous les

canons et leur matériel purent en quelques jours franchir
les Alpes, sur 25 kilomètres de chemins impraticables, au
milieu de rochers inaccessibles, et sous un feu continuel
tiré perpendiculairement du fort de Bard qui interceptait toute
communication.

Cette périlleuse entreprise ayant pleinement réussi, Marmont rejoignit l'armée, commanda l'artillerie à la bataille de
Marengo et, par l'à-propos de son intervention, contribua au
succès de cette grande journée, ainsi qu'à ceux du passage
du Mincio et de l'Adige. Après cette grande victoire, Marmont,
qui n'était encore que dans sa 27ᵉ année, fut nommé général
de division.

A son retour en France, il fut placé à la tête de l'artillerie
comme premier inspecteur-général, et il introduisit dans
cette arme de grandes et utiles réformes : il mit les trains sur
le pied militaire, simplifia les calibres de campagne et rendit
le matériel plus léger. On lui doit l'organisation qui existe
encore aujourd'hui.

Après la rupture du traité de paix d'Amiens, en 1804, il
prit le commandement de l'armée française en Hollande.
Le temps qu'il passa au camp d'Utrecht ou de Zeist, fut employé à former ses troupes aux grandes manœuvres. C'est là
qu'il devint un savant tacticien. « Si j'ai eu, dit-il dans ses Mé-
» moires, quelque réputation à cet égard, je la dois à mon
» long séjour au camp de Zeist, où, pendant plus d'une an-
» née, j'ai été constamment occupé à instruire d'excellentes

» troupes et à m'instruire moi-même, avec cette émulation
» et cette ferveur que donne un premier commandement en
» chef dans les belles années de la jeunesse. » Il quitta ce
pays après avoir fait élever, par le corps sous ses ordres, une
colonne commémorative à la gloire de Napoléon et de la
Grande-Armée.

Il ne fut rappelé de la Hollande, en 1805, que pour prendre
part à la campagne d'Austerlitz. Après avoir contribué à la
prise d'Ulm, il fit la conquête de la Styrie, rentra en Italie
avec son corps d'armée, fut envoyé en Dalmatie avec des
renforts à l'époque du siège de Raguse. Abandonné à lui-
même dans ce pays avec une poignée de soldats dévorés de
misère et de maladies, il gagna, le 31 octobre 1807, la bataille de Castel-Nuovo, en Albanie, avec moins de 6,000
hommes contre 7,000 Russes et 10,000 Monténégrins, acheva
de réduire la Dalmatie, Raguse, Cathero, et mérita d'obtenir,
avec le titre de duc de Raguse, la souveraineté honorifique
d'un pays civilisé par la sagesse de son administration aussi
bien que conquis par ses armes.

Entre autres travaux utiles qui signalèrent son séjour
dans ces contrées, il créa, dans les montagnes et dans des
marais jusqu'alors inabordables, 280 kilomètres de routes
qui changèrent la face du pays.

La guerre de 1809 étant déclarée contre l'Autriche, Marmont entra en campagne avec 12,500 hommes d'infanterie,
180 chevaux et 12 pièces de canon, battit l'armée autri-

chienne, bien supérieure en nombre, au mont Quitta, à Grad-
chatz où il fut bléssé, à Gorpich, Ottochatz, et fit prisonnier le
général. En moins de cinquante jours, il se transporta du
fond de la Dalmatie au centre de la Moravie, fit sa jonc-
tion avec l'armée d'Italie, rejeta en Hongrie un corps de
35,000 hommes sous les ordres du général Giülay, et vint
prendre rang dans la Grande-Armée, la veille de la bataille
de Wagram. Le lendemain, il était en ligne, et donnait de
nouvelles preuves de son courage et de son habileté. Après
la victoire, il se mit à la poursuite de l'ennemi qu'il atteignit
à Znaïm, où il combattit seul, pendant deux jours, contre
toute l'armée autrichienne. C'est sur ce champ de bataille
que l'Empereur, pénétré d'admiration pour cette marche
tout à la fois hardie et prudente, et pour ce brillant succès,
lui remit le bâton de maréchal. Il n'avait pas encore 35
ans.

Marmont avait fait ses preuves : l'Empereur savait qu'il
n'y avait pas de mission, si difficile et si importante qu'elle
fût, qu'il ne pût confier à sa bravoure et à ses talents ;
Il envoya le jeune maréchal comme gouverneur-général
dans les provinces illyriennes avec les pouvoirs les plus
étendus. Marmont s'y rendit et termina, en cinq jours, une
guerre qui désolait le pays.

L'Illyrie étant pacifiée et l'administration française y étant
établie, le maréchal Marmont reçut l'ordre, en 1811, de se
rendre en Espagne, pour y prendre le commandement de
l'armée de Portugal qui venait d'évacuer la Péninsule ; il la

trouva dépourvue de tout, découragée et dans le plus grand désordre. En peu de temps, il la réorganisa, lui rendit la confiance et l'espoir, la mit en état de défendre la frontière de l'Espagne et fit lever le siége de Badajoz. Quoique privé d'une partie de ses forces qui avaient été rappelées en France pour la guerre de Russie, il était parvenu par d'habiles manœuvres à contenir, pendant six mois, à portée du canon, l'armée anglaise bien supérieure en nombre et commandée par le duc de Wellington. Il repoussait l'ennemi de la Tormès sur Rodrigo, et tout lui faisait présager le succès de la journée, quand, au moment où il faisait ses dernières dispositions, un boulet, lui ayant fracassé le bras droit et fait de profondes et larges blessures sur le corps, le mit hors de combat. Le désordre se mit dans l'armée privée de son chef, entraîna sa retraite et, au malheureux général, enleva le fruit de ses savantes combinaisons. C'est cette funeste bataille qu'on appelle la bataille de Salamanque ou des Arapilès.

Il fut obligé de rentrer en France, et il n'était pas encore guéri de ses graves blessures, quand, au mois d'avril 1813, il alla en Allemagne se mettre à la tête d'un des corps de la Grande-Armée et prendre la part la plus active aux victoires de Lutzen, Bautzen et Wurtzen. Il se trouva à la bataille de Dresde, battit l'ennemi en plusieurs rencontres et lui fit une grande quantité de prisonniers. Il combattit aussi à Leipzick où l'on vit une partie de nos alliés tourner leurs armes contre les Français. Il fut blessé à la seule main dont il pût tenir l'épée, et soutint, avec des troupes inférieures en nombre, tous les efforts de l'armée de Silésie.

Quand la victoire eut abandonné nos drapeaux, le maréchal Marmont rentra en France avec les débris de cette armée qui avait porté nos aigles dans toutes les capitales de l'Europe. Il fut du nombre de ces braves qui, en 1814, dans cette héroïque campagne de France, luttèrent avec l'énergie du désespoir contre des forces décuples, et firent payer chèrement à l'ennemi l'invasion du territoire.

Le corps placé sous ses ordres ne s'éleva jamais à plus de 6,000 hommes, et c'est avec des moyens aussi faibles qu'il combattit à Brienne, qu'il remporta les victoires de Champ-Aubert, Vauchamp, Montmirail, Etoge, Meaux, Gué-à-Trem, etc., etc. Parmi les actes de bravoure qui illustrèrent les troupes qu'il commandait et leur digne chef, l'histoire ne manquera pas d'enregistrer le beau fait d'armes de Rosnay. Le 2 février, le prince de Wrède manœuvre pour couper la retraite au maréchal en lui barrant le passage de la Voire au village de Rosnay. Le duc de Raguse se trouvait dans une position périlleuse ; il met aussitôt l'épée à la main ; à sa voix, ses soldats s'avancent la baïonnette en avant, et, comme à Hanau, passent sur le ventre de 25,000 Bavarois.

Mais que pouvaient ces prodiges de valeur contre toutes les armées coalisées de l'Europe, contre des forces toujours supérieures aux nôtres, qui, repoussées et vaincues la veille, se multipliaient le lendemain ? Après avoir défendu pied à pied le sol de la patrie, pendant une lutte acharnée de trois mois, le duc de Raguse, repoussé sous les murs de Paris le 30 mars, fit un effort suprême pour empêcher l'ennemi de pénétrer dans la capitale. Blucher et Schwartzenberg, dérobant trois marches à Napoléon qui poursuivait une partie des armées alliées sur la Marne, avaient enfin atteint le siége et le centre de l'Empire avec plus de 180,000 combattants. Les maréchaux Mortier et Marmont réunis n'en avaient pas plus de 14,000 sous leur commandement. Le duc de Raguse opposa à l'ennemi, dans un combat de douze heures, qui était le soixante-septième depuis trois mois, une résistance désespérée, et fit perdre aux Prussiens et aux Russes plus de monde qu'il n'en avait sous ses ordres; mais, vaincu par le manque de forces, le découragement public, les instances du Conseil municipal et les prières des principaux citoyens, et obéissant enfin aux ordres qu'il avait reçus le matin du roi Joseph, il se résigna à signer cette capitulation qui sauva le reste de nos braves, qui préserva la première capitale du monde d'un désastre inévitable, et qui fut pourtant l'objet de tant de jugements erronés et d'injustes accusations.

M. de Lamartine, dans son Histoire sur la Restauration, et M. Vaulabelle, dans son livre sur le même sujet, font un tableau saisissant de l'intrépidité avec laquelle le duc de Raguse se comporta devant Paris. En vain, le roi Joseph lui avait envoyé de Montmartre l'ordre d'entrer en pourparlers; le duc de Raguse lui fait dire par son aide-de-camp que rien ne presse encore. Voulant cependant s'assurer par lui-même de l'état des choses, il descend dans la grande rue de Belleville; mais à peine a-t-il fait quelques pas, qu'il reconnaît la tête d'une colonne russe qui venait d'y arriver. Il n'y

avait pas un instant à perdre; il se met à la tête d'un poste
de 60 hommes; son cinquième cheval, depuis l'ouverture
de la campagne, est blessé sous lui; ses lieutenants tombent
à ses côtés; son chapeau et ses habits sont criblés de balles:
il combat à pied, l'épée nue à la seule main qui lui reste
libre; 40 grenadiers ont grand'peine de l'arracher à la mort
qu'il bravait en soldat, près de la barrière de Belleville, ré-
solu à ne laisser entrer l'ennemi dans la capitale qu'après
qu'il lui aurait passé sur le corps. « Sans cette poignée de
» grenadiers, dit M. de Lamartine, l'armée n'aurait rentré
» que le cadavre de son général dans Paris. »

Ce ne fut qu'après cette héroïque défense que la capitulation fut signée. Le maréchal se dirigea avec ses troupes sur
Fontainebleau, où il trouva l'Empereur qui venait d'y arriver
et dont il reçut les éloges.

Il revint ensuite, d'après les ordres de Napoléon, prendre
position à Essonne. Mais de grands événements se passaient
alors dans le sein de la capitale. Le Sénat avait prononcé,
le 2 avril, la déchéance de l'Empereur; les membres du
Corps législatif, alors présents à Paris, avaient déclaré
adhérer à cette grave résolution. Une grande partie de la
population parisienne s'était prononcée en faveur de cet
acte. L'empereur de Russie, au nom des souverains étrangers, avait proclamé qu'ils ne traiteraient plus avec Napoléon ni avec aucun membre de sa famille. D'un autre côté,
les maréchaux, réunis autour de Napoléon, ne voyaient,
dans ces grandes circonstances, d'autre moyen de salut

que son abdication en faveur de son fils, le roi de Rome,
et Napoléon s'y résigna. Les maréchaux Ney, Mortier,
Macdonald et le duc de Vicence furent chargés de la porter
aux deux souverains étrangers à Paris. En même temps, le
4 avril, le prince de Schwartzenberg faisait parvenir au maréchal Marmont, campé à Essonne, les proclamations des
grands corps de l'Etat, et le conjurait de mettre un terme
à des hostilités qui ne pouvaient plus servir qu'à répandre
un sang précieux sans utilité pour la France. Le duc de Raguse, après avoir consulté les généraux sous ses ordres,
cédant à la voix de l'humanité, désireux de conserver à la
patrie une armée qui pût peser davantage dans la balance,
désireux aussi de préserver l'Empereur lui-même des périls
de sa position, consentait à accepter ces propositions, sous
la condition que ses soldats se retireraient en Normandie
avec armes et bagages, et que, si Napoléon tombait au pouvoir des puissances alliées, sa liberté et sa vie lui seraient
garanties dans un pays déterminé entre elles et le gouvernement français. Les négociations étaient entamées, quand
les quatre plénipotentiaires de l'Empereur se présentèrent à
Essonne et firent connaître au maréchal l'objet de leur
mission. Celui-ci les informa immédiatement des négociations entamées entre lui et le chef des armées alliées ; ils le
prièrent, selon les intentions de l'Empereur, de se réunir à
eux pour faire accepter l'abdication. Cette proposition était
trop conforme aux vœux du duc de Raguse pour qu'il ne
s'empressât pas de déférer à ce vœu. Il partit, après avoir
annoncé à ses troupes la résolution prise par Napoléon et
recommandé, de la manière la plus expresse, aux généraux

qui le remplaçaient, de n'opérer aucun mouvement avant son retour. Il se rendit en même temps avec les quatre délégués au quartier-général du prince de Schwartzenberg pour lui annoncer que les conventions projetées devaient être considérées comme non avenues. Mais pendant que le maréchal, réuni à ses frères d'armes et animé des mêmes sentiments de dévouement pour la personne de l'Empereur, parlementait pour l'acceptation de l'abdication, et attendait la réponse de l'empereur Alexandre, les généraux, auxquels il avait laissé le commandement en son absence, firent quitter à son corps d'armée la position qu'il occupait et se portèrent sur Versailles, conformément à la négociation entamée le matin, malgré les plus instantes représentations d'un aide-de-camp du maréchal (le colonel Fabvier), qui les suppliait d'attendre son retour. Le duc de Raguse, informé de cet événement, courut sur Versailles pour en arrêter les suites. Mais il était trop tard. Trop tard, non pas sans doute pour le salut de l'Empire, dont les premiers corps de l'Etat et la plus grande partie de la population parisienne s'étaient déjà séparés, et qu'il n'était plus possible de défendre contre l'ennemi maître de Paris; mais trop tard au moins dans l'intérêt du maréchal qui eut à subir les injustices de l'opinion égarée par les apparences.

Voilà la conduite que le duc de Raguse a tenue dans les derniers jours qui ont précédé la chute du plus glorieux Empire du monde; nous la livrons au jugement impartial de nos lecteurs.

Tant que l'Empire put être sauvé, l'Empire n'eut pas de

défenseur plus dévoué que le maréchal Marmont. Intrépide devant l'ennemi, quand il ne s'agissait que de sa propre vie, il lutte encore, même quand il a reçu du frère de l'Empereur l'ordre de faire cesser le combat ; il fallut l'arracher à la mort qu'il semblait chercher sous les murs de Paris, comme pour ne pas survivre à l'occupation de la capitale par l'é-tranger ; et s'il se prête à des négociations , c'est qu'une grande révolution s'étant accomplie, il lui paraît qu'il n'a plus qu'à remplir des devoirs d'humanité ; c'est qu'il ne croit plus pouvoir laisser couler inutilement le dernier sang de ses soldats ; il n'abaisse son épée que pour sauver la patrie d'un dernier désastre devenu inévitable.

On conçoit qu'au moment où est tombée cette puissance qui avait donné tant de gloire à la France, et qui semblait invincible, l'opinion publique, émue et froissée de cette grande catastrophe, ait fait retomber sur l'un des chefs de nos armées la responsabilité d'événements que son courage n'avait pu conjurer. Mais aujourd'hui la voix impartiale de l'histoire commence à se faire entendre ; la presse recherche consciencieusement la vérité ; un jugement plus équitable se forme sur la conduite du duc de Raguse à cette fatale époque de 1814 , et les préjugés se dissipent chaque jour en face de sa tombe.

Déjà, et de son vivant, il avait eu la consolation de voir ce jugement devancé par les témoignages d'intérêt qu'il n'avait cessé de recevoir des hommes les plus dévoués à l'Empereur ou les plus décidés sur le point de l'honneur militaire, de tous ceux qui ont été témoins de sa conduite devant Paris et à Essonne, et de tant d'officiers supérieurs qui ont toujours été considérés comme des modèles de patriotisme et de loyauté. Pas un de ses amis ne lui a retiré son estime. L'Empereur lui-même, dans sa justice, avait dit, en 1815, au général Drouot qui lui présentait une note du colonel Fabvier défendant avec vivacité et conviction l'honneur de son général : « Je sais comment les choses se sont » passées ; Marmont s'est trouvé en face d'événements plus » forts que les hommes ; tout s'arrangera ; il nous reviendra » avant peu. » Le maréchal a trouvé une consolation bien précieuse encore dans les sentiments de considération et d'affection que l'infortuné fils de Napoléon lui a montrés dans l'exil et dans le malheur, comme on le verra tout-à-l'heure.

Nous pouvons donc le dire avec confiance : Non, le maréchal Marmont n'a pas trahi devant Paris, lui qui s'est battu en vrai soldat pendant un jour entier, et qui ne s'est décidé à capituler que longtemps après les ordres reçus du prince qui remplaçait alors le chef du gouvernement, et pour soustraire cette grande capitale aux malheurs d'une ville prise d'assaut.

Non, il n'a été infidèle ni à l'Empereur, ni à la patrie, dans les conventions entamées à Essonne, quatre jours après, puisqu'alors une grande révolution s'était opérée et qu'il ne se prêtait à une négociation que pour conserver honorablement à la nation les braves échappés à tant de combats et pour garantir la vie et la liberté du Prince auquel il devait son élévation et sa gloire.

Loin de manquer aux devoirs que la reconnaissance et l'honneur lui prescrivaient, le duc de Raguse les a remplis jusqu'à la dernière heure.

L'amour de la gloire, qui était le mobile de ses actions, l'avait entraîné vers la carrière des armes, et il s'y était signalé depuis son premier combat dans les Alpes jusqu'à sa dernière lutte devant Paris, par cette impétuosité et cette ardeur extrêmes « dont l'effet, selon ses propres expres- » sions, le portait toujours à avancer. » Mais la vaillance seule ne l'avait pas élevé au premier rang de l'armée ; ce qui le distingua dans cette glorieuse phalange des lieute- nants de Napoléon, c'est que, préparé dès son enfance au métier des armes par de fortes études, il joignait aux quali- tés d'homme d'action toutes les connaissances qui font de la guerre le plus difficile des arts. Il était profondément instruit et vivait dans la société des savants les plus remarquables. Aussi, l'Académie des sciences tint à honneur de l'appeler dans son sein et, à l'exemple du général Bonaparte, il considérait comme un de ses plus beaux titres celui de membre de l'Institut ; il se plaisait à suivre les travaux de cet illustre corps où il comptait d'honorables amitiés. C'est de l'Institut que le maréchal Marmont sortait quand, le 26 fé- vrier 1830, il alla prendre, pour un de ses collègues absents, le commandement qui, quelques jours plus tard, lui ouvrit les portes de l'exil.

Nous ne serons que vrai en disant que cet esprit exact
était un des plus cultivés de son temps. Il parlait et il écrivait comme un homme d'épée et d'administration sait le
faire quand, avec une âme de feu, il a pris une part capitale
aux affaires humaines les plus importantes et les plus diverses. Il n'y a pas de questions d'intérêt social sur les-
quelles il n'ait porté les investigations de son esprit curieux
et supérieur. Et nous verrons bientôt le rang qu'il a conquis dans les lettres, surtout parmi les écrivains militaires.

Avec des qualités si variées, la carrière du maréchal ne
devait pas finir avec le rétablissement de la paix. Il n'avait
que 40 ans en 1814. Jusqu'à la révolution de 1830, il con-
tinua à remplir de hautes fonctions dans l'Etat. Son attachement et son respect pour le Pouvoir ne l'empêchaient
pas d'avoir des opinions libérales. Au retour des Bourbons,
il insista pour que les couleurs nationales fussent conser-
vées à la France. Il fut le dernier des maréchaux qui porta
la cocarde tricolore ; il la portait lors de l'entrée du comte
d'Artois à Paris.

Louis XVIII le nomma, ainsi que le maréchal Berthier,
prince de Wagram, capitaine d'une compagnie des gardes-
du-corps. Quand, en 1815, Napoléon rentra en France, le
maréchal Marmont accompagna Louis XVIII à Gand. Né pou-
vant combattre dans les rangs de l'armée, il s'éloigna aussitôt
du théâtre de la guerre et ne rentra en France qu'après que
les évènements de cette époque furent accomplis. Des né-
cessités financières ayant obligé le Roi à réduire sa maison

militaire, le maréchal **Marmont** devint un des quatre majors-généraux qui prirent le commandement de la garde royale. Plus tard, il joignit à ce titre la haute dignité de gouverneur de Paris et de la 1re division militaire.

La Chambre des Pairs le compta parmi ses membres les plus distingués. Plusieurs fois, il y porta la parole avec autant d'autorité que de talent. L'aptitude qu'il avait montrée dans le maniement des affaires publiques devait naturellement faire rechercher ses conseils. Aussi, le Gouvernement fit souvent appel à son savoir et à son expérience dans les questions touchant l'administration de la guerre, et, plus d'une fois, il proposa et fit introduire dans cette partie d'utiles réformes et de grandes améliorations.

D'importantes et délicates missions lui furent aussi confiées. Nous citerons particulièrement celle qui lui fut donnée en 1817, qu'il remplit avec un plein succès et dont le résultat ne fut pas le moindre de ses titres à la reconnaissance publique. A cette époque, l'esprit de réaction politique agitait une partie du Midi de la France. De déplorables actes avaient jeté la consternation et répandu une inquiétude générale dans les départements du Rhône et de l'Isère. Le duc de Raguse fut envoyé à Lyon, comme commissaire extraordinaire, investi d'un pouvoir suprême, pour mettre fin aux calamités qui affligeaient ces contrées. Il lui fallut bien peu de temps pour sonder les profondeurs du mal, en découvrir les causes, éclairer le Gouvernement et rendre la sécurité aux citoyens. Aussi, en quittant la ville de Lyon emporta-t-il les bénédictions des populations et des témoignages publics de leur gratitude.

Peu de temps avant cette époque , il avait donné une grande preuve de l'indépendance de son caractère et de sa bonté naturelle , quand, bravant la crainte d'une disgrâce, il avait forcé la consigne du palais des Tuileries pour conduire jusqu'aux pieds du Roi la courageuse épouse de M. de Lavalette, allant implorer la grâce de son mari condamné à mort après le retour de l'Empereur.

Magnifique dans ses goûts et plein de grandeur dans ses manières , prodigue de sa fortune , surtout quand il croyait l'honneur du pays engagé, nul n'était plus en état que le duc de Raguse de représenter le Roi de France au sacre de l'empereur Nicolas. Charles X le chargea de ce noble rôle. Le maréchal partit pour la Russie, en 1826, avec une suite nombreuse. Son ambassade extraordinaire se composait surtout d'officiers de distinction , unissant la grâce à la valeur française. Le jeune Czar recherchait avec empressement toutes les occasions de donner au représentant de la France des marques particulières de sa considération. La cérémonie du couronnement eut lieu à Moscou, cette ancienne capitale de l'empire ; les fêtes que notre ambassadeur y a données ont surpassé, par le bon goût et leur splendeur , celles de tous les délégués des autres puissances, et ont laissé dans cette vieille cité du Nord de brillants souvenirs. Le maréchal rentra en France en 1827, après avoir parcouru pour son instruction les champs de bataille où, dans les campagnes de Russie, nos armées , plus tard détruites par la rigueur extraordinaire des éléments, avaient ajouté tant de gloire à leur renommée.

Le maréchal Marmont n'était pas seulement un homme de guerre plein d'expérience, un homme d'État distingué, c'était encore un grand citoyen. Le temps qu'il ne donnait pas aux affaires publiques, il le consacrait à son pays natal; un attrait puissant le ramenait sans cesse à Châtillon, objet de sa constante et filiale affection, et cette ville devint pour lui, pendant la paix, l'objet d'un intérêt tout spécial. Il voulut y donner le salutaire exemple d'un homme qui, placé dans une position élevée, utilise sa fortune et ses loisirs au profit de la prospérité agricole et industrielle de son pays.

Dès l'année 1814, il se complut à augmenter et embellir l'habitation de ses pères, connue sous le nom de *Châtelot*, située à l'une des extrémités de la ville, et rebâtie au xve siècle par le chancelier Rolin [1]. En même temps que le duc de Raguse, par de nouvelles constructions, en faisait une élégante demeure, il y ajoutait aux prix des plus grands sacrifices toutes les propriétés morcelées qui l'environnaient et qui, sous son habile direction, ont formé ce parc magnifique, dessiné avec tant de goût et traversé sur une longueur de plus de 3 kilomètres par les belles eaux de la Seine et de la Dwi réunies. C'est là qu'il venait se dérober, autant que ses devoirs publics le lui permettaient, aux sujétions de

---

[1] Ce n'est point au *Châtelot* que le maréchal est né; c'est dans la maison située rue de l'Orme, entre la petite rue de l'Orme et la rue Derrière-la-Prison, habitée aujourd'hui par M. Beauvais.

son rang, cherchant son bonheur dans l'affection de ses compatriotes et dans le bien-être qu'il répandait autour de lui. C'est là que, joignant la plus touchante simplicité à sa magnificence habituelle, il se reposait de ses longues fatigues au milieu de la société des personnes du pays qu'il admettait dans son intimité, et souvent environné des hommes les plus illustres dans la guerre, dans les sciences, dans les lettres, qui venaient partager momentanément avec lui les douceurs de sa retraite. Il avait reçu plusieurs fois chez son père Bonaparte, lorsque celui-ci, encore simple officier d'artillerie, revenait du siége de Toulon, ou lorsque, fait général, il allait prendre le commandement de l'armée d'Italie. C'est au devant de cette maison paternelle qu'il avait, en 1796, exposé aux regards de la population châtillonnaise, heureuse et fière de ses premiers succès, les trente-cinq drapeaux pris à l'ennemi qu'il était chargé de porter au Directoire.

Quand, dans le cours de ses campagnes, il lui était possible de prendre quelques moments de repos, il venait les passer au milieu de sa famille, et chacun de ses retours était célébré par des réjouissances publiques.

Après la funeste journée des Arapilès, en 1812, il était venu à Châtillon rétablir sa santé altérée et soigner les graves blessures dont il était couvert, et il n'avait jamais oublié les témoignages d'intérêt qui l'avaient accueilli à son arrivée. En 1814, il avait fait les honneurs de son habitation au comte d'Artois, qui régna depuis sous le nom de Charles X.

Tant de souvenirs ne faisaient qu'augmenter sa prédilection pour sa ville natale. Aussi, était-il constamment préoccupé de tout ce qui se rattachait à sa prospérité. Que de fois nous l'avons vu, désireux de répandre dans la jeunesse une émulation salutaire, visiter l'école mutuelle, dont il avait fait les premiers frais et qu'il subventionnait, assister aux distributions de prix du collége et réunir à sa table les élèves qu'il venait de couronner de ses mains victorieuses. Sa sollicitude s'étendait surtout sur les ouvriers auxquels il procurait des travaux considérables. Il donnait des secours au Bureau de bienfaisance et, si la fortune n'eût pas trompé ses projets, il aurait réalisé l'intention qu'il a si souvent exprimée de fonder au collége des chaires pour les sciences, et de créer un hospice pour de vieux militaires invalides. C'est lui qui, en faisant à la ville l'avance des premiers fonds, a rendu possible à l'administration départementale et municipale l'acquisition de la Sous-Préfecture, de l'Hôtel-de-Ville, du Jardin-Public et de la place centrale où se tiennent les marchés. C'est à lui que nous devons ce Quartier-Neuf, qu'il a tracé lui-même, qui forme aujourd'hui la partie la plus élégante et la plus animée de la ville, lui donne une extension considérable et lui ouvre des communications que les besoins de la circulation réclamaient.

Même dans la retraite, un homme aussi actif que le maréchal n'aurait pu se condamner à l'oisiveté. Il appliqua son esprit novateur et infatigable au développement de l'agriculture et de l'industrie dans son pays, et l'on peut dire qu'il y a ouvert une nouvelle ère de prospérité. Avant lui, la culture y était encore dans l'enfance ; il la fit sortir des vieilles routines. Il n'y a pas de nouveaux procédés ou d'instruments aratoires dont il n'ait fait l'essai, pas de méthodes dont il n'ait fait l'expérience. Il réunit à la terre qu'il tenait de sa famille des domaines considérables, où il élevait des troupeaux de l'espèce la plus rare. Il établit dans son parc un haras d'où sortirent les plus belles races. Il y avait aussi fondé des établissements de tous genres : une vermicellerie, une fabrique de sucre indigène, etc., etc. Enfin, ses différentes propriétés rurales étaient devenues autant de fermes-modèles, où nos cultivateurs intelligents ont puisé des exemples qui se sont rapidement propagés.

Mais c'est surtout vers l'industrie métallurgique qu'il avait tourné tous ses efforts. Il y consacra ses principales ressources. Aux anciennes forges qu'il possédait à peu de distance de son habitation, il a substitué cette grande usine à laminoirs qui porte son nom, l'une des premières forges anglaises construites en France, où un si grand nombre d'ouvriers trouvent un utile labeur, et qui a procuré à l'arrondissement de Châtillon une prospérité commerciale jusque-là sans exemple. En un mot, sous la direction féconde du maréchal, l'agriculture prit parmi nous un essor inconnu ; l'industrie des fers fit d'immenses progrès ; le pays subit une véritable transformation.

Il est douloureux de dire qu'au lieu de recueillir le fruit de ses vastes conceptions, le duc de Raguse y a trouvé sa ruine. Il a eu en cela le sort de la plupart des fondateurs de grandes entreprises. Mais s'il a vu sa fortune s'engloutir dans des dépenses imprévues et dans des expériences trop chèrement payées, il a eu au moins la consolante pensée que tous ses sacrifices n'ont pas été perdus, puisqu'ils ont contribué à la richesse et à la prospérité de son pays.

Au milieu des occupations de la paix, le duc de Raguse n'avait pas cessé de rester un des officiers-généraux les plus accrédités de l'armée. Il fut consulté sur l'expédition d'Alger qu'il déclara possible. La guerre qu'il avait faite en Egypte et en Bosnie contre des populations musulmanes donnait à son opinion une autorité particulière. Il se livra avec beaucoup de soin à l'examen des plans de cette campagne. Le commandement de l'armée lui paraissait même destiné. Nous avons su personnellement qu'il y comptait, et l'on ne ne peut déplorer trop amèrement pour lui que cette espérance ne se soit pas réalisée. Au lieu de devenir le témoin impuissant d'une nouvelle révolution qui l'a jeté en exil, le duc de Raguse, selon toute apparence, aurait eu la consolation de mourir dans sa patrie, après avoir eu la gloire d'étendre la puissance de la France dans le nord de l'Afrique. Une fatalité inouïe voulut qu'il fût encore la victime de la secousse politique de 1830, comme il avait été, en 1814, la victime de nos revers.

En qualité de major-général de la garde royale, il se trouvait, pour un de ses trois collègues, de service à Saint-Cloud, auprès du Roi, quand parurent les ordonnances de Juillet. Nul avis ne lui en avait été donné; il les apprit par le *Moni-*

teur. Nulles précautions n'avaient été prises pour prévenir ou comprimer le mouvement qui devait suivre cette périlleuse tentative. Comme citoyen, le maréchal Marmont désapprouvait la mesure que le Gouvernement venait d'arrêter et qui le conduisit à sa perte ; comme soldat, ses devoirs étaient tracés : il en comprit toute l'étendue, ne s'en dissimula point les conséquences. « Dussent la proscription » et la mort (s'écria-t-il dans cette position fatale) être pour » moi le résultat de ma conduite, je remplirai en homme » d'honneur les devoirs qui me sont imposés. » On sait l'explosion que produisit l'atteinte portée à la Charte. Le dévouement d'une troupe peu nombreuse, rassemblée à l'improviste, sans plan arrêté d'avance, devait échouer devant les barricades subitement élevées dans tous les quartiers de Paris. En présence de cette agression formidable, le maréchal Marmont, toujours accessible à la voix de l'humanité, avait ordonné aux chefs de colonnes de ne tirer qu'après avoir été attaqués et avoir reçu la décharge de cinquante coups de fusil. Du reste, il eut bientôt compris la gravité de la situation, et il ne la cacha point au Roi. « Ce n'est plus une » émeute, lui écrivait-il le mercredi 28 juillet, à neuf heures » du matin ; c'est une révolution. Il est urgent que Votre Majesté prenne des mesures de pacification. Demain, peut » être, il ne sera plus temps. J'attends avec impatience les » ordres de Votre Majesté. » Ses messages réitérés n'obtenaient aucun résultat, ou restaient même sans réponse. Des Députés, qui jouissaient alors d'une grande popularité, vinrent proposer au maréchal de faire cesser le feu ; il écouta leurs représentations et consentait à les accompagner à

Saint-Cloud pour appuyer leurs propositions, si les habitants voulaient de leur côté suspendre les hostilités. Mais le Président du Conseil, auquel le maréchal en référa, refusa de recevoir la députation. Alors tout espoir de conciliation disparut.

Comme on le voit, le maréchal, placé entre ses devoirs et ses sentiments personnels, appelait une solution qui pût sauver le trône. Une volonté plus puissante que la sienne dominait alors dans les conseils de la Couronne. Cependant, une dernière lettre de sa part au Roi avait décidé le retrait des ordonnances. Mais cette concession, arrachée à la résistance du Pouvoir, était tardive. La révolution était accomplie. Le courage et la sagesse du maréchal avaient été inutiles. Charles X avait cessé de régner.

Le duc de Raguse ne se crut pas toutefois dégagé de ses obligations envers le Prince dont il n'avait pu préserver la couronne. Il voulut conserver le commandement de la garde du Roi jusqu'au port de Cherbourg, prêt encore, s'il le fallait, à sacrifier sa vie pour cette dynastie malheureuse. Malgré les trop justes griefs que lui avait donnés la conduite du Dauphin à son égard, dans la soirée du 30 juillet, à Saint-Cloud, conduite sur laquelle ce prince exprima plus tard de nobles regrets, il ne se sépara de la royale famille qu'en Angleterre. Le Roi n'oublia point ce qu'il devait au dévouement de celui qui avait rempli pour lui de si pénibles devoirs : il lui remit l'épée qu'il portait en quittant pour jamais la France et lui écrivit, en même temps, une lettre qui renferme l'expression de son affectueuse reconnaissance.

Ainsi s'est terminée la carrière politique du maréchal Marmont, carrière remplie de gloire et d'amertume. Mais si quelque chose a égalé cette grande infortune, c'est la résignation avec laquelle elle a été supportée. Défenseur malheureux de deux gouvernements à leur déclin, dont son courage n'avait pu conjurer la chute, mais convaincu que, dans les deux grandes révolutions auxquelles il a fatalement assisté, il avait concilié le dévouement à la patrie avec les devoirs du soldat, il est allé attendre, dans le calme d'une conscience sans reproche, le jour suprême de la justice.

Déçu dans ses espérances les mieux fondées, en butte alors aux préventions les plus injustes, le maréchal duc de Raguse s'est condamné, après les événements de 1830, à un exil volontaire qui n'a eu de terme que celui de sa vie. Il a passé vingt-deux ans loin de cette France pour laquelle son sang avait coulé tant de fois, et dont la grandeur n'a cessé de le préoccuper. Il s'est retiré à Vienne où il faisait sa résidence principale; il habitait, pendant l'hiver, cette ville superbe de Venise dont le climat semblait mieux convenir à sa santé, et dont le séjour le rapprochait de ces provinces riveraines de l'Adriatique qui avaient été le théâtre de ses talents militaires et qui avaient ensuite prospéré sous son administration éclairée. Il a trouvé une généreuse hospitalité chez cette nation autrichienne qu'il avait si souvent combattue; il a été accueilli avec cordialité sur cette terre étrangère qu'il avait foulée avec nos légions alors victorieuses. Là, il n'a point été poursuivi par la haine des partis, il n'a point eu à se justifier de ces revers dont les suscepti-

bilités de l'honneur national ont voulu le rendre respon-
sable. Partout où il s'est présenté, il a reçu, dans les diverses
classes de la société, les égards qui sont dus à un nom illustre; il s'est vu environné de ces respects que les ennemis
eux-mêmes ne refusent pas au courage malheureux.

Outre la fermeté d'âme et la noblesse de la résignation,
il restait au duc de Raguse ce qui fait la ressource des
hommes dans le malheur : il lui restait l'instruction. Il partageait son temps entre l'étude et les devoirs de la société.
Les loisirs de son exil furent employés à voyager et à écrire;
et, en donnant à son activité cette nouvelle direction, il
devait ajouter beaucoup à sa gloire.

A l'époque où il est sorti de France, le maréchal Marmont
avait 56 ans. Un repos complet ne pouvait convenir à un
esprit aussi ardent que le sien. Il savait beaucoup, et il brû-
lait d'ajouter de nouvelles connaissances à celles qu'il possédait. Il résolut de voyager. Son désir était d'étudier l'état,
les lois et les mœurs de quelques nations qui lui étaient in-
connues, et de revoir ces contrées de l'Orient, devenues le
point de mire des hommes d'Etat de l'Europe. Il entrait aussi
dans son plan de se livrer à des expériences scientifiques et
de chercher la solution de différents problêmes de physique
qui étaient le sujet de ses méditations. Il partit de Vienne,
en 1835, accompagné de savants de distinction, et parcou-
rut la Hongrie, la Transylvanie, la Russie méridionale, la
Crimée, les bords de la mer d'Azoff; il visita Constantinople,
la Syrie, la Palestine et l'Égypte. Il faut l'entendre lui-même
expliquer le sentiment de curiosité intelligente qui l'entraî-
nait à entreprendre ce voyage :

« Depuis quatre ans, dit-il, une secousse politique m'a-
» vait jeté brusquement hors de ma patrie ; sans avoir
» rompu les liens qui m'attachaient à elle, j'étais devenu
» étranger à son sort. Une douce hospitalité m'avait été ac-
» cordée à Vienne, et ma vie s'écoulait paisible et uniforme,
» quand un souvenir de mes travaux passés et le sentiment
» des forces qui me restent m'ont fait concevoir le désir de
» donner un nouvel intérêt à mon existence, d'ajouter à
» mon instruction et de satisfaire la curiosité qu'a fait naître
» en moi le mouvement qu'éprouve la société humaine chez
» laquelle chaque jour amène des changements, et qui
» semble marcher vers une nouvelle destinée. On juge si
» mal de loin, les écrits dénaturent si fort les faits, que celui
» qui veut connaître la vérité doit aller la chercher lui-même
» et l'étudier sur place, en se dépouillant, autant que pos-
» sible, de toutes les préoccupations et de tous les préjugés
» qui peuvent altérer son jugement. J'ai été trop souvent té-
» moin des erreurs des autres pour ne pas me défier de
» celles que je pourrais commettre. »

Le maréchal trouva chez tous les souverains et chez tous
les peuples qu'il visita le souvenir encore vivant de sa gloire
militaire, quelquefois même la trace plus précieuse encore
des bienfaits durables de son administration. Partout, il reçut un accueil honorable et bienveillant. « Jamais voya-
» geur, dit-il avec reconnaissance, n'a été reçu avec plus d'é-
» gards et avec une bonté plus soutenue. Partout, j'ai été
» comblé de soins. » Il écrivit, à son retour, la relation de
cette grande excursion. Elle renferme cinq volumes écrits
dans un style élégant et concis ; elle prouve qu'à la science

de l'homme de guerre le duc de Raguse joignait le mérite d'un écrivain distingué. Son livre, exempt de toute déclamation, contient la description la plus exacte et la plus curieuse des lieux qu'il a explorés. Institutions sociales, questions d'art militaire, avenir politique des peuples, tout ce qui est digne des méditations des hommes est de sa part l'objet d'appréciations justes. Aussi, le voyage du duc de Raguse, rempli d'aperçus variés, a-t-il été lu avec attention par tous les hommes d'Etat de l'Europe ; et il sera consulté avec fruit tant que la grande question d'Orient ne sera pas résolue.

Le duc de Raguse a révélé dans un autre ouvrage les connaissances supérieures qu'il possédait comme général. Il le publia en 1845 sous le titre : *De l'Esprit des Institutions militaires*. Ce livre est un traité des plus remarquables, dans lequel sont énumérées toutes les conditions de capacité et d'instruction que doit offrir le chef auquel on confie le sort d'une armée. Rien n'y est omis. Le duc de Raguse applique chaque précepte qu'il pose à des faits d'armes connus, et démontre, avec une admirable lucidité, les causes auxquelles on doit attribuer la perte ou le gain des grandes batailles dont l'histoire a conservé le souvenir. Les portraits des généraux de l'antiquité et des temps modernes y sont dessinés à grands traits. Il fait à chacun de ses illustres frères d'armes la part qui lui revient de nos succès, et donne à Napoléon la place que son immense supériorité lui assigne parmi eux. On sent, en lisant ce traité, que, chez un général habile et d'un esprit élevé, la science militaire est le plus noble des métiers, puisqu'elle a pour objet d'eviter ou d'amoindrir, par des manœuvres promptes et décisives, les calamités que les guerres entraînent après elles. Nous ne pensons pas que jamais on ait écrit sur un pareil sujet avec plus de netteté, plus d'élévation. Un homme, dont le témoignage est une autorité, le maréchal Bugeaud, disait de ce livre « que tout » officier doit en avoir un exemplaire dans son porte-man- » teau. »

Cet ouvrage est dédié à l'armée. Qu'on nous permette de citer les paroles pleines de chaleur, d'affection et de patrio- tisme que l'auteur adresse du fond de sa retraite, et comme un dernier adieu, à ses vieux compagnons d'armes et à cette jeunesse ardente, intelligente et valeureuse qui les a remplacés.

« L'armée, dit-il, a été mon berceau. J'ai passé ma vie » dans ses rangs. J'ai constamment partagé ses travaux, et » plus d'une fois j'ai versé mon sang dans ces temps hé- » roïques dont la mémoire ne se perdra jamais.

» Parvenu à cet âge où tout l'intérêt et les consolations de » la vie sont dans les méditations sur le passé, je lui adresse » un dernier souvenir.

» Les soldats, mes compagnons d'armes, réunissaient » toutes les vertus militaires. A la bravoure et à l'amour de » la gloire, naturels aux Français, ils joignaient un grand » respect pour la discipline et une confiance sans bornes » dans leurs chefs, premiers éléments du succès. Aussi, » sous mon commandement, jamais, à force égale, n'ont-

» ils été battus ; souvent vainqueurs, malgré l'infériorité du
» nombre, ils n'ont cédé que bien rarement à une immense
» supériorité ou à la fatalité des circonstances ; et encore
» sont-ils toujours restés assez redoutables, au milieu des
» revers, pour faire presque regretter à l'ennemi sa victoire.

» Les soldats d'aujourd'hui marchent dignement sur les
» traces de leurs devanciers, et le courage, la patience, l'é-
» nergie qu'ils ne cessent de montrer dans la longue et pé-
» nible guerre d'Afrique, prouvent que partout et toujours
» ils répondront aux besoins et aux exigences de la patrie.

» Les premiers étaient l'objet de mes soins les plus assi-
» dus et de ma sollicitude la plus vive.

» Les derniers, tant que je vivrai, auront mes plus ar-
» dentes sympathies. »

Dans une introduction, le maréchal prend soin d'indiquer
le but du travail auquel il s'est livré. Après avoir adressé des
félicitations et des conseils à notre jeune armée, il ajoute :
« C'est pour elle que j'ai écrit : l'ouvrage que je publie est le
» dernier contingent que je puisse offrir, à la fin de ma vie,
» au profit d'une science que j'ai cultivée toujours avec ar-
» deur, et d'un métier que j'ai fait avec passion. Mes loisirs
» ont trouvé un grand charme à ce résumé de mes études et
» de mes souvenirs. C'est le fruit d'ailleurs des méditations
» qu'ont pu développer dans mon esprit mes longs et fré-
» quents entretiens avec Napoléon, vingt campagnes de
» guerre et plus d'un demi-siècle d'expérience. »

Ainsi parle le maréchal Marmont. Oh! sans doute il n'a jamais pu être pénétré que d'un grand amour pour la patrie, celui qui exprime dans un langage si noble des sentiments aussi élevés!

Quoique par les écrits publiés pendant sa vie le maréchal Marmont se soit acquis un rang distingué dans les lettres, son ouvrage capital n'a pas encore paru : nous voulons parler de ses Mémoires, qu'il a commencé à écrire en 1828 et qui ont été l'occupation principale de ses dernières années. Ces Mémoires, si impatiemment attendus, seront, à n'en pas douter, un des documents les plus importants de l'histoire contemporaine, personne n'ayant été plus mêlé que le maréchal aux grands événements de ce siècle, et n'étant plus en état d'en parler. Mais, outre leur importance historique, ce qui, à nos yeux, donnera un intérêt particulier à ces écrits du duc de Raguse, c'est qu'en le faisant connaître lui-même, tel qu'il a été, ils achèveront d'éclairer les esprits les plus prévenus, s'il en reste encore, sur la pureté de ses intentions et le patriotisme de ses actes. La publication de ces Mémoires a été confiée à Mme la comtesse de Damrémont qui a eu pour le maréchal, pendant sa vie, une piété toute filiale et qui, depuis sa mort, s'occupe avec un soin pieux de l'accomplissement de ses intentions et des devoirs à rendre à sa dépouille mortelle.

Parmi les nombreux témoignages d'estime et d'intérêt que le duc de Raguse recevait des personnages les plus considérables de l'Europe, dans sa retraite et dans ses voyages, aucun ne l'a plus touché que le sentiment d'affection qu'il avait inspiré au duc de Reichstadt. La Providence, dans sa bonté, avait réservé à sa vieillesse cette douce et consolante réparation. On comprend combien devait être vif dans l'esprit précoce de ce malheureux prince le désir de connaître dans tous leurs détails les actes qui avaient illustré la vie de son père, cette vie qui avait rempli le monde. Nul homme ne pouvait lui en faire un récit plus fidèle, plus complet, plus instructif que celui qui avait été l'ami de son père, son aide-de-camp, l'un de ses premiers lieutenants, qui avait accompagné le héros d'Italie, d'Égypte, d'Austerlitz sur vingt champs de bataille, et qui pouvait dire aussi en racontant ses hauts faits : *Et quorum pars magna fui.* Le duc de Raguse sut que le jeune prince exprimait le désir de l'entendre ; il regarda comme un devoir et un bonheur pour lui de répondre à ses vœux. On vit alors, dans une longue suite d'entretiens pleins d'intérêt et d'instruction, le duc de Raguse faire au fils de l'Empereur le récit des campagnes de son père ; il lui en apprit les causes et les résultats, accompagna ses explications de remarques savantes sur l'art de la guerre et lui exposa les principaux événements de ce règne, sans précédents dans l'histoire, qui sauva la France de l'anarchie, qui fut environné de tant d'éclat, qui porta si haut la gloire du nom français, et qui, même après sa chute, légua à la nation ces grandes institutions auxquelles elle doit encore aujourd'hui sa force et sa grandeur.

En témoignage de sa reconnaissance, le duc de Reichstadt offrit au duc de Raguse son portrait, au bas duquel il avait écrit de sa main ces vers de Racine qui rencontraient dans la circonstance une application si délicate :

> *Arrivé* près de moi par un zèle sincère,
> Tu me contais alors l'histoire de mon père ;
> Tu sais combien mon âme attentive à ta voix
> S'échauffait au récit de ses nobles exploits !

Ainsi s'étaient établies entre les deux exilés ces touchantes relations qui avaient pour eux tant de charme, et qu'une mort prématurée a trop tôt rompues.

Cependant, les douceurs de l'hospitalité que le duc de Raguse recevait à l'étranger ne pouvaient effacer dans son cœur le souvenir de la patrie absente, et souvent il reportait ses regards vers la France. Un coin de terre de cette France était particulièrement l'objet de ses regrets : c'était celui où il avait reçu la naissance et laissé la cendre de son père. Ceux qui l'ont vu dans l'exil ne l'ont jamais entendu parler de Châtillon, sans que le nom du pays natal ne vînt mouiller les yeux du vieux guerrier. En 1841 et 1842, il avait entrevu la possibilité de rentrer dans le château paternel ; des négociations auxquelles nous avons pris part avaient été ouvertes à ce sujet ; mais les circonstances vinrent encore cette fois déjouer ses projets et détruire ses espérances. Il nous écrivit alors, à nous qu'il avait initié à ses vues et qu'il honorait de sa confiance, une lettre qui prouve avec quelle résignation cette âme fortement trempée savait accepter la rigueur de sa destinée.

« J'avais, nous dit-il, j'avais rêvé le bonheur de vivre

» pendant mes dernières années dans le lieu où je suis né
» et où j'ai passé mon enfance, lieu qui, pendant tant
» d'années, a été l'objet de mes soins et des préoccupations
» de mon esprit ; je vois qu'il faut renoncer à cette idée
» consolante. J'abaisse beaucoup mes prétentions et les ré-
» duirai de manière à me persuader que le vœu que je forme
» sera rempli avec exactitude.

» Puisque je ne puis finir ma vie à Châtillon, je désire au
» moins que mes restes y reposent après ma mort. M'occu-
» per d'assurer l'exécution de ce projet, n'a rien qui doive
» alarmer votre amitié ; mes pensées, dans l'isolement où je
» vis, sont naturellement tristes et me forcent à envisager ma
» fin sans répugnance ; et c'est une idée consolante pour
» moi que de m'occuper d'un avenir sans limites qui corres-
» pondra aux sentiments qui ont rempli mon cœur toute
» ma vie.

» J'ai vu si souvent que des idées arrêtées avec complai-
» sance pour une époque postérieure à la mort restaient
» comme non avenues, par suite de l'obscurité de l'avenir
» et de cette confiance aveugle qui nous fait ajourner sans
» cesse les arrangements qui doivent assurer leur exécu-
» tion, que j'ai cru convenable de m'occuper sur-le-champ
» de ce dont je vais vous parler.

» Je désirerais donc que mes restes reposassent à Châtil-
» lon, et, à cet effet, je voudrais faire construire un caveau
» destiné à les recevoir….. »

Nous avons rempli avec un scrupule religieux les volontés dont le maréchal avait confié l'exécution à notre dévouement pour lui. Un monument modeste et simple, de forme antique, conforme au plan qu'il en a lui-même dressé, a été construit en pierre de granit tirée des carrières du Morvan, sur un terrain que les membres du Conseil municipal, fidèles interprètes des sentiments de leurs concitoyens, lui ont concédé gratuitement. Il est érigé dans le cimetière Saint-Vorles, qui renferme les cendres de son père, de sa mère et de plusieurs autres membres de sa famille.

Cette tombe ouverte depuis plusieurs années attendait le dépôt qu'elle devait recevoir un jour ; le moment est arrivé où elle va se fermer. Le maréchal allait accomplir, dans quelques mois, sa 78e année. L'âge n'avait apporté aucune altération dans ses traits ; il avait conservé ses épais sourcils, son regard perçant, sa figure martiale brunie dans les camps, sa stature imposante. Il avait applaudi à l'acte énergique du 2 décembre 1851, qui, en délivrant la France de l'anarchie prête à l'envahir, sauvait aussi la civilisation européenne menacée. Mais, à mesure que les années se succédaient, le désir de revoir sa patrie devenait chez lui plus impérieux. Malgré toute la force de son âme, le mal du pays s'empara de lui et, après quelques jours d'une maladie dont les progrès furent rapides, il succomba, le 3 mars 1852, à neuf heures et demie du matin, à Venise, dans le palais Lorédan. Ce guerrier, dont le malheur n'avait fait que fortifier le caractère, qui, en 1842, nous écrivait : « J'en-» visage ma fin sans répugnance », ce guerrier vit en effet sa fin s'approcher avec ce courage qui ne l'a jamais abandonné. Il a conservé jusqu'au dernier moment toute sa présence d'esprit, et a expiré avec le calme du chrétien qui prévoit depuis longtemps le terme de sa vie et qui accepte avec soumission les décrets de la Providence.

Le duc de Raguse n'avait pas attendu le moment suprême pour manifester son respect pour le culte de ses pères ; on trouve la preuve de ses sentiments dans la relation de son voyage en Palestine. Il exprime ainsi les pensées qu'a fait naître dans son âme la vue du Calvaire, « ce rocher où coula
» le sang du juste. Il est impossible, dit-il, de visiter froi-
» dement ce sanctuaire du christianisme. C'est de ce point
» que jaillit cette éclatante lumière qui devait éclairer le
» monde ; c'est de là que s'est propagée une religion fondée
» sur une morale sublime et sur un esprit de paix et de
» charité inconnu auparavant ; religion qui rendit à l'homme
» la place que Dieu lui avait assignée dans la création, et
» dont la pensée et le but furent tout au profit de la faiblesse
» et du malheur. Nouvelle époque, nouvelle ère, nouveau
» monde moral que créa le sang de Jésus-Christ. » Quand,
il y a dix ans, le maréchal s'occupa des détails de sa sépulture, fidèle à ses convictions, il fit en même temps une fondation pieuse pour l'anniversaire de sa mort, et de celles de son père, de sa mère, et de Mme de Gissey, sa tante, l'une des fondatrices du Bureau de bienfaisance de Châtillon. Cet homme illustre, mourant sans patrie, sans famille, s'est du moins endormi dans les bras de la religion, entouré des soins de quelques amis dévoués.

La mort du duc de Raguse a fait à Venise une profonde sensation ; les journaux nous apprennent qu'il était aimé et respecté de toutes les classes de la société. Son corps embaumé, suivant les intentions qu'il avait laissées par écrit à son maître d'hôtel, M. Joseph Barbier, resté constamment fidèle à sa personne, a été exposé dans une chapelle où la foule est venue avec empressement contempler pour la dernière fois ses nobles traits, et où Mme la duchesse de Berry a fait dire chaque jour une messe par son aumônier. Parmi les personnages de distinction qui sont venus se prosterner devant les restes de cette haute illustration, on a remarqué le grand-duc Constantin de Russie, et la grande-duchesse, sa femme, qui a pris la main du maréchal et l'a pressée affectueusement sur ses lèvres.

C'est de cette chapelle funéraire que le cercueil du maréchal sera transporté dans le cimetière de Châtillon. Il sera reçu avec les honneurs militaires dus aux restes des maréchaux de France ; car, par un sentiment qui l'honore, le chef de l'Etat a voulu que ce dernier honneur fût rendu à la dépouille mortelle du duc de Raguse.

L'émotion éprouvée à Venise a été générale. En France, l'opinion, dégagée des préjugés qui l'avaient égarée, et vaincue par la dignité du maréchal dans le malheur, s'est attendrie sur sa tombe et rend aujourd'hui à ses actes et à ses intentions, appréciés sans passion, la justice qui leur est due.

Le maréchal a laissé à la ville de Châtillon, comme gages

.de son affection et de son souvenir, l'épée que portait Charles X au moment où il a quitté la France, la lettre autographe qui accompagnait ce don, le portrait du duc de Reichstadt, que ce jeune prince a également envoyé au maréchal en témoignage de son amitié, et plusieurs autres objets d'une haute valeur historique qui donneront beaucoup d'importance à notre bibliothèque. Il lui a donné une marque non moins grande de son attachement, quand il a choisi le lieu de sa naissance pour le lieu de son repos.

Le tombeau, où le duc de Raguse doit reposer désormais, présente, sur la face antérieure, une inscription qui rappelle les titres principaux dont le maréchal était revêtu. Elle porte :

AUGUSTE-FRÉDÉRIC-LOUIS VIESSE DE MARMONT,

DUC DE RAGUSE,

PAIR ET MARÉCHAL DE FRANCE, GRAND-CORDON DE

LA LÉGION-D'HONNEUR, MEMBRE DE L'INSTITUT, ACADÉMIE

DES SCIENCES, CHEVALIER DU SAINT-ESPRIT, GRAND-CROIX

DE L'ORDRE DE SAINT-LOUIS, CHEVALIER DE SAINT-ANDRÉ,

SAINT-ALEXANDRE ET SAINTE-ANNE DE RUSSIE, ETC.,

NÉ A CHATILLON-SUR-SEINE LE 20 JUILLET 1774,

MORT A VENISE LE 3 MARS 1852.

Sur le côté opposé, on lit cette autre inscription qui dit en peu de mots sa gloire et ses malheurs :

GLORIÆ STUDIUM, PATRIÆQUE CHARITAS

VITÆ SUÆ ACTIONIBUS INCITAMENTUM FUERE.

VITAM SI INLUSTREM ŒRUMNIS TAMEN

PLENAM EGIT.

IN SECUNDIS MODERATO ET BENEVOLENTI IN ADVERSIS REBUS

PLACIDO PATIENTIQUE ANIMO SE TULIT [1].

A l'une des extrémités du tombeau, se trouvent deux bâtons de maréchal, signe de la plus haute dignité du duc de Raguse ; et, à l'autre, l'écusson de ses armes où figure un drapeau, en mémoire de l'acte de courage par lequel il se signala à la prise de Malte en enlevant le drapeau de l'Ordre. On y lit aussi sa devise, si juste et si vraie : *Patriæ totus et ubique.*

Dès l'année 1845, le maréchal, exprimant ses sentiments et ses vœux pour la ville de Châtillon, dans une lettre qu'il écrivait au Maire pour n'être ouverte qu'après sa mort, finissait par cette touchante prière : « Je désire que les » habitants de Châtillon conservent pour ma mémoire les » sentiments qu'ils m'ont portés pendant ma vie. »

Ce vœu suprême sera entendu. Le dépôt sacré confié à

[1] L'amour de la gloire et le dévouement à la patrie
Ont été le mobile des actions de toute sa vie.
Et sa vie qui ne s'écoula pas sans éclat
Fut aussi remplie de grandes infortunes.
Modeste et bienveillant dans la prospérité,
L'adversité le trouva calme et résigné.

l'affection des Châtillonnais est attendu avec impatience ; il sera reçu avec honneur et respect.

Notre plus grand compatriote, le dernier des lieutenants de l'Empereur, que nous avons vu dans tout l'éclat de sa gloire, revient, après un exil de vingt-deuxans, trouver enfin le repos éternel dans le modeste cimetière de sa ville natale. Un dernier et solennel adieu lui était dû ; et ce devoir devait surtout être rempli par celui qui, dans sa longue carrière municipale, avait été initié à ses projets pour la prospérité du pays, et qui, plus tard, fut le dépositaire de ses vœux, quand le maréchal, plus grand dans l'infortune qu'il ne l'avait été dans la puissance, n'avait plus d'autre pensée que de se préparer la dernière demeure où nous allons le déposer.

Infortuné maréchal ! après avoir honoré notre ville par vos exploits militaires, vous avez voulu lui donner la richesse par les œuvres de la paix ! L'éloignement et l'exil n'ont pas plus affaibli notre reconnaissance à votre égard qu'ils n'avaient refroidi votre attachement pour nous. Vous avez montré au monde quelque chose de plus digne qu'une vie environnée de la gloire des combats ; vous lui avez donné l'exemple d'une noble existence aux prises avec la mauvaise fortune. Le temps, la vérité, votre résignation ont vaincu des préventions aveugles, et l'heure de la justice est venue pour vous.

Infortuné maréchal ! reposez en paix dans cette tombe que

vous avez choisie près de celle de vos pères ! Vos compatriotes, à qui vous avez laissé tout ce qui vous restait au monde, le soin de votre mémoire, auront pour vos cendres vénérées le culte qu'on doit au souvenir des citoyens qui ont aimé et illustré leur pays.

FIN.

Imprimerie de F. LEBEUF, à Châtillon-sur-Seine.